Poetic Walk 1   From the Future Past of Memories

기억의 미래로부터

최유수 시집

도어스프레스 포에틱 워크 시리즈

Pl. de la Concorde, 75001 Paris, 2016.

기억의 미래로부터

차례

들어가는 말 12

I 무대들
    발코니가 있는 정물 17
    돌과 나무를 위한 극장 23
    실내극 24
    야외극 26
    동굴의 미래 28
    아름다운 시절 32
    멋진 하루 34
    밝은 무대 위에 37
    건축예찬 40
    콰르텟 42
    바다 건너의 44
    숲의 가정법 48
    화병과 벽시계가 있는 거실 49

비욘드 더 미주리 스카이   53

나무처럼 서 있기   55

산책로   59

문 의 공 허   61

무대 인사   64

사라진 미래   67

미래 없는 연극   70

거실의 미장센   72

슬픔 연습   74

자연발화   76

II 예언들

함께 떠날까요?   81

무늬   85

무한원점   86

해변의 빌라   87

살갗, 껍질, 허물   89

한낮의 검은 꿈   92

모나의 겨울   94

나나나너나나너나나   96

오드리의 춤　97

미스터리 퍼포먼스　100

싱싱한 죽음　102

환상　103

신경증　104

이야기 씨앗　105

타다 만 장작 하나　106

기원　108

날씨　109

폴백　110

닻　111

모티프　112

III　은유들

라이프타임　117

미래의 질감에 관한 실험　120

빙희　123

불확실한 강　124

시간들, 사물들, 거짓말들　127

뮤트　128

눈빛 연극   129

데디케이션   134

레미니센스   135

모순적인, 너무나 모순적인   139

즉흥곡   142

베이스캠프   144

꿈자리   147

콜링   152

호라이즌   153

벽에 걸린 구름   154

거울 가게   156

시간 너머의 옛날   160

◇ 발문
기억의 미로 — 백은선   169

들어가는 말 preface

풍경風聲 앞에 앉아 있다. 새 소리, 풀벌레 소리. 물기 어린 흙냄새, 풀냄새. 햇빛, 바람, 물결, 영혼. 어떤 사랑이 시간 속을 흐르고 있다는 걸 느낄 수 있다.

빛을 등진 채 시간을 스케치한다. 어느 날의 창문이 눈앞에 흐르고, 향기를 맡으면 가까운 미래가 나타난다. 어떤 예감 같은 단어들이 사르르 펼쳐진다. 단어 몇 개를 주워 물끄러미 들여다본다.

말로 다 설명할 수 있는, 누구든지 알아듣고 떠올릴 수 있으며 그저 보이는대로 들리는대로 묘사하면 되는 무엇이 아니라, 말로는 잘 설명할 수 없고 미묘하게 어딘가 수상쩍은, 온 힘을 다해 써내도 전달할 수 없을 것 같은, 그래서 결국 나라는 사람만이 취할 수 있는 분명한 느낌들을, 그런 것들을 아우르는 내 세계의 사각死角 에 관해 말해보고 싶다.

누가 들어주지 않아도 풀어놓고 싶다. 단어들의 건반을 연주하듯이, 산책로에서 세상에 없는 멜로디를 허밍하듯이.

그런데 이 책을 엮는 동안, 오래 전부터 내 안을 서성이고 있던 한 아이가 사라졌다. 시간 밖으로 숨어버린 것이다. 그 아이는 나일까? 왜 숨어버렸을까? 이제는 묘연한 일이다.

2022년 봄

최유수

I 무대들

발코니가 있는 정물

아침에 눈을 뜨자마자 발코니로 나간다. 오래된 나무 스툴에 앉아 있다. 정신이 맑아질 때까지.

발코니 안팎의 목소리를 받아적는다.
들리는대로.

포르투갈의 어느 시인은 목소리의 편에 서서 시를 쓴다. 목소리가 아닌 것은 시가 아닐까?

시는 꿈의 언어일 수도 있고, 새의 언어일 수도 있고, 계절의 언어일 수도 있고, 공기 중의 언어일 수도 있다. 손이 가는 대로 붙이고 기워 쓴,
윤기가 도는 단어들의 직물일 수도 있다.

(시인은, 목소리와 감정을 엮는 비느질공이다.)

그늘을 밟고 공중 햇빛에 손을 올린다. 이리저리 돌려본다. 바람이 불면 손을 멈추고 거리를 내려다본다. 너무 평화롭

잖아. 여느 때와 다름없는 풍경에 구토가 치밀어오른다.

그러고 보면 시인은 참 이상하지.
정말 이상하지.
너무 이상해서 가끔은 평화롭지.

모란디^{morandi} 는 말했다. 현실적인 것보다 더 추상적이고 더 초현실적인 것은 없다고.

(감정은, 의외로 딱딱하고 기하학적이다.)

비가 내리는 날에는 아무것도 쓰지 않고, 비의 메시지를 읽는다. 계단이 삐걱거리는 소리에 귀를 기울인다. 발코니가 보이지 않게 커튼을 친다. 패브릭 소파에 누워 이미 여러 번 본 영화를 다시 돌려본다. 다시 보는 영화는 새로운 영화나 마찬가지이다. 영화를 틀어놓고 제비꽃 향이 나는 자둣빛 값싼 와인을 실컷 마신다. 통화를 하기도 하고, 그냥 소리만 듣기도 한다. 대사를 거의 다 외우고 있어서 무의식 중에 한두 마디를 따라하기도 한다. 발코니에서 담배를 태우거나 화장실에 갈 때에도 일시 정지해놓지 않는다. 그러면 대사의 세계는 거기에 살아 있다.

그러다 비는 잊히고.
지워지고……

어떤 소리들은, 인센스를 태우면 향이 배듯이 공간의 일부가 된다.
한 겹의 배경이 된다. 누군가의 발코니가 된다.

발코니는 다 듣고 있다. 은연 중에
목소리는.

해가 질 무렵, 파자마 위에 바로 블랙 울 코트와 목도리만 걸치고 산책을 나선다. (제대로 챙겨입고 나서는 것은 산책이 아니다.) 다 해진 지저분한 신발을 구겨 신고서. 집앞에 매일 오가는 길의 죽은 상수리나무 아래에서 맞은편에 지나가는 사람들을, 함께 거니는 개들을, 붉은 잿빛 너머로 날아가는 새들을,

무성의한 선들을, 누그러진 풍경의 표정을 가만히 보고 있다. 자신의 표정은 하얗게 지워놓고서.

(사색은 산책의 발걸음을 잡아먹으며 몸으로 소리를 듣는 일이다. 무너진 담벼락 사이를 돌아다니는 일이다.)

아무 말이나 중얼거린다. 그럴 때 떠오르는 건 별로 시 같지도 않은 시인데 이상하게 그런 시가 제일 시 같다. 아무 말이 시가 되는 것은 초현실적이고 기하학적이다.

그러고 보면 시는 참 이상하지.
정말 이상하지.
너무 이상해서 가끔은 울고 싶지.

강가 쪽으로 산책로를 한 바퀴 돌아온다. 오전에 쏟아진 비의 메시지를 곱씹으며 담배를 태운다. 맨날 먹는 빵과 우유와 채소를 한아름 사서 집으로 돌아온다. 매일 먹어도 질리지 않는 아침 식사는 잔인하다.

현관의 전신 거울을 들여다본다. 거울 속의 현관은 직접 발코니와 연결되어 있어서 코트만 벗어 대충 던져놓고 거울 속으로 들어갔다가 발코니 쪽으로 나온다. 바깥은 어느새 캄캄하다.

밤의 발코니는 가장 현실에 가깝다. 남은 와인을 비우며 생각에 잠긴다.
스케치를 꺼낸다.

떠오르는 이름들을 중얼거린다. 밤공기를 곁들여 발음을 음미한다. 기억의 껍질이 입 안에 까슬거린다.

그러고 보면 사람 이름은 참 이상하지.
발음할수록 흐릿해져.
또 새로워져.
말할 수도 부를 수도 없는 이름들이 제일 이름 같아.

술에 취해 비의 메시지를 잊어버린다.

수중에 남은 것은 천 쪼가리 같은 시어들 뿐…… 노트가 왜 축축하지. 종이를 찢고 구겨서 바닥에 버려둔다. 자리를 털고 일어나 연거푸 담배를 태운다.

어디론가 전화를 걸었다가 이내 끊어버리고 만다. 짧게 욕지거리를 내뱉고는, 내일 오전에는 발코니를 열어젖히고 한바탕 청소를 해야겠다고 생각한다.

돌과 나무를 위한 극장

돌의 시간을 사유하면 잠깐이나마 돌이 될 수 있다. 어느 산중턱의 돌이 되어 시간을 헤아리다 보면 잠깐이나마 시간이 될 수 있다.
여기서 돌과 시간의 개념은 거의 동일한 것으로 친다.

돌이 밟히고 굴리고 깨지는 동안에는 시간을 잊을 수 있다.
잠깐이나마. 등가 교환은 불가능하다.

돌은 시간을 먹고, 시간은 돌을 쓰다듬는다.
아무렇지 않게 그렇게 한다.

사유하는 돌들이 산중턱의 나무를 지탱하고 있다.

처음 보는 징면이다. 아주 오래된 사람이 증거가 눈앞에 나타난다.

나의…… 나이테가 되어주겠어?

실내극

발코니의 시인은 새벽마다
난간에 기대어
잃어버린 시를 새로 쓴다.

허공에— 단어들의 건반 위에—
손가락 사이로 새어나가는.

눈을 감으면 나타나고, 연결되고,
끝없이 자리를 바꾸고,
방랑하는.

/////////////////////

언어가 빗장을 걸어잠그는 소리가 철커덕, 하고 들린다.

/////////////////////

시인은,

꿈쩍도 않는 빗장을
거세게 흔들며 행패를 부린다.
거의 울먹인다.

당신은
페이지 바깥에서
발코니의 시인과 밀담하는
이방인이자 관찰자이다.

야외극

'나'로 시작해서 '나'로 끝나는
이야기를 지어낸다.

    번역한다. 아니 추측한다.

옅은 호흡과 불규칙적인 장면 전환.

그럴수록 나 자신은 초연해지고,
어쩔 수 없이 구조화되고,
    아니나다를까 서론과 결론이 뒤바뀐다.

따듯한 모순을 만들어낸다.

이 괴로움은
사물이 아닌 것들의
내부에 쌓이는 환청과 같다.

사물이 아닌 것들의 목소리.

사물이 아닌 것들의,
      슬픔. 깨어남. 서성거림.

그것은,
자아의 동굴 속에서
무한히 반사되는
      추측의 빛줄기이며
      가장 자폐적인 연극이다.

나는 미리 준비된
쓸쓸함이다.

끝까지 사랑할 수 없더라도
나 자신의 심상이며
언어이다.

동굴의 미래

노래를 흥얼거릴 때
나는 혼자이면서 혼자가 아니다.
너도 그렇다.

기억이 어느 한 사람의 것이 아닌 것처럼.
혼자란 뭘까?
언제 어떻게 혼자일까?

누구나 일상으로부터 분열된
스스로를 어느정도
짐작하고 있다.
      짐작할 수 있다.

잘라낸 묵은 가지로부터 새로 자라나는 가지는
여러 갈래로 돋아난다.

어느 자리에서 돋아날지는
돋아나기 전에는

알 수가 없다.
차원의 바깥에서 가져와
    잘라 붙인 가지일 수도 있다.

잘라낸 것은 반드시 갈라진다.
가능의 눈은
거기서 돋아난다.
동굴 속에서는 불가능하다.

갈라진 동굴의 미래는
우리를 위한
    차원이 아니기 때문에.
    혼자가 아니기 때문에.

머리가 깨질 것처럼 아파.
노래를 멈춰 줘.

이쪽이 유일한 미래일까?

이쪽으로 가면 돌아올 수 없게 될까?
동굴의 끝에서 우리가 사라질까?

마침내 새순이 움트기 시작할 때
나의 어린 시절은,
    조금 행복해진다. 사랑스러워진다.
    한층 더 부드러워진다.

어느 쪽으로 뻗어나갈지
선택하는 것은 시간의 몫이다.

보르헤스borges가 만든 미로*에서 온갖 트라우마trauma들이 돌아다닌다. 갈라진 미래는 전복된다.

꺾인 가지처럼.
꺾인 현재처럼.

정확히 말하자면,

갈라진

미래

전복된

미래

가 갈라지는 것이다.

그들로 하여금
시간의 정원사를 돕게 하는 것이다.

다시 혼자.

동굴 속에는
산산조각이 난 어린 시절의
희미한 벽화가
덩그러니 남아 있다.

이윽고 새 계절이 피었다.
내 어린 미래에서.

* 보르헤스 단편 「끝없이 두 갈래로 갈라지는 길들이 있는 정원」의 미로

아름다운 시절

날카로운 것에 눈을 찔리는 듯한
한 순간이 있다.

찰나에 수천수만 년의 시간이
건너뛰어질 것처럼.

꿈에서 나는
물안개가 잔뜩 낀 호수로 간다.

푸른 얼음을 밟고 서서
당신의
베일^{veil} 속 중얼거림이 끝나기를
기다린다.

아주 오래 참아 온 질문들이
별처럼 반짝이고,

나는 홀로 대답한다.

아무에게도 들리지 않게.

세계는
모호한 질문과
덮어둔 그리움과
어색한 혼잣말로 가득한,
몽상의
예배당이다.

그곳에 아름다운 시절은 없어.
아름다움만 있지.

멋진 하루

무기력한 한 순간의 엑스터시^{ecstasy}.
    촘촘해서 깨지 않는 잠……

잠에 취하는 것이 아니라
기이한
    현실의 내용에 취하는 거야.

창문이
다 열려있는지도 모르고
취해 있는 거야.
그저 취해 있는 거야.

길고양이의 네 발에
채운 족쇄에
    끌려다니는 영혼인 거지.

혹시 그런 생각 해본 적 있어?
세상에 사람이 너무 많다는 거.

사람이 너무 많아.
정말로 너무 많지.
끔찍할 정도로.

희망을 우리는 가질 수 있어.
건넬 수도 있어.

그런데 지루해……
매일 취해 있다 보니
사는 게 지루해.
　　　정말 지긋지긋해.

이를 어쩌면 좋지.

소금만 더 미뎌보고고는 하지 마.

사는 건 원래 좀……
나른하지.

알아.
그렇다고 해서
죽고 싶단 뜻은 아니야.
알지?

모든 음이 완전히 소거된
아무도 없는
도로 위의 드라이브 같아.

기억상실증 환자의 눈앞에 놓인
긴 터널 같아.

……폐쇄 병동의 하얀 적막 같아.

밝은 무대 위에

오래된 두 연인의 라이브 무대가 시작돼.

피아노^{piano}, 베이스^{bass}. 악기가 악기를, 서로를 쓰다듬고. 다정한 여백이 많은, 서서히 고조되면서 다가오는 멜로디. 가벼운데 묵직한,

함께이기에 가능한 모순이 있어.

눈을 감고서 눈이 부신 듯한, 흠뻑 취한 얼굴.

작고 어두운 공간에 흐르는 앰비언트^{ambient}. 12월로 넘어가는, 동이 트기 직전의 안개 낀 창밖. 지상으로 돌아오는 최초의 눈송이들.

수십 년의 시간을 느껴 본 적이 있어?
온몸으로 부딪혀 본 적이 있어?

연주하는 내내 두 사람은 한 번도 서로의 눈을 바라보지

않아. 어딘가 고장이 난 것처럼 나는 고개를 아주 미묘하게 까딱거리지.

정적이 그리는 수채화를 봐.
밝은 무대 위에.

사람이 흐드러진다는 건 기쁨일까 슬픔일까.
그게 어떤 감정이긴 할까.

거의 들릴 듯 말 듯한 한 사람의 허밍과
이끌리는 부드러운 손길.

둘만의 선율이 펼쳐지고,
낮은 음이 높은 음을 달래고.
높은 음이 낮은 음에게 안기고.

어떤 화음은 새들의 포옹 같아.
사랑하는 두 마리의 새. 어미새와 아기새.

혹은 아주 오래 기다려 온 새와
마침내 돌아온 새.

투명하다는 말로는 부족해.

모든 연주의 끝에는 환한 새벽이 있어. 어두운 정적이 있어.
보고 있어? 그걸 너무나 사랑해.

사랑은 언제까지나,
앞서 주어진 속삭임이지.
들어 봐.

캄 다운$^{\text{calm down}}$. 에브리띵 이즈 파인$^{\text{everything is fine}}$. 에브리띵^{everything}, 이즈^{is}, 파인^{fine}.

건축예찬

이곳은 소음이 전혀 없는, 빛들의 건축 현장.

시간의 인부는 불연속적인 몸짓으로, 그러나 영원히 끊어지지 않을 것처럼
    완벽한 불연속을 건설하는 중이다.

순간은 관절이고,
벽이다.

누군가는 과감히 고리를 끊고 처음으로 되돌아간다. 그리고 재건한다. 첫 느낌, 첫 순간으로.

보다 더 구체적인 인간이 되기 위해서……

    자아라는 문명, 도시, 말라버린 강.

발굴 현장을 빠져나와
눈을 감는다.

생각을 비운다.

경직된 과거를 스트레칭한다.
눈을 뜬다.

만약 그들이 실패하더라도, 빛 자국은
은폐되지 않는다.

목소리가 태어나고 있다.
눈짓이 태어나고 있다.
내가 태어나고 있다.

미래로부터
    우리가 비롯되고 있다.

콰르텟 quartet

늦가을 낙엽이 휘날린다.

휘날리는 것은
쓸쓸해서 아름답고
그런 날씨가 평화를 앗아간다.

단 한 번의 사랑을
꿈꾸는 동안
나무들은 옷을 갈아입는다.

봄과 겨울은 하나로 연결된 계절이다.
겨울에서 봄으로.
사랑에서 사랑으로.

간밤의 꿈은 계속되지 않는다.
하지만 상관없다.

꿈은 그저……

꿈으로 남아야 하기 때문이다.
언제나 삶보다 멀리에 있기 때문이다.

겨울 벌판의 종이 연처럼
나날이 멀어져 간다.
사랑하는 사람이 두고 간 허리춤을 붙잡고
그토록 바라던 날들로.
아무것도 바라지 않던 날들로.

시간의 바깥에 놓인 1인칭의 장면들, 독백들, 클로즈업된 눈빛들, 숲속에 버리고 온 후회들.

계절의 무릎을 빌려 기대어 눕는다.

아주 오랫동안
눈을 뜨지 못한다.

바다 건너의

등대와 파도와 모래가
말을 거는

어느 평화로운 바닷마을의,
인식과 관념의 바다 건너의,
지혜로운 조각가들.

일부러 마음을
숨기지 않아도 되는
    각별한 별개들이 살아가는 곳.

이곳 사람들은요,
자기 자신을 지키는 법을 잘 아는 것 같아요.

폐허가 된 아틀리에^{atelier} 가 없죠.
    마을 어디에도요.

뜨거운 가마들이 매일

곱게 빚은 흙을
기억으로 구워내고 있어요.
똑같은 건 하나도 없죠.

온몸으로 흙과 맞닿고
흙과 교감할 줄 아는 이들의
시간은
끊어질 듯 끊어지지 않고
흔들릴 듯 흔들리지 않죠.

평균율 클라비어곡집^{das wohltemperierte klavier}* 처럼요.
들어봤어요? 들어볼래요?

아무래도 리듬감은 타고 나는 거겠죠.
이 바다의 유전적인 영향이겠죠.

바다가 바다를 낳고,
마을이 마을을 낳고,

예술이 예술을 낳고,
사랑이 사랑을 낳고,
무엇이 또 무엇을 낳듯이.

그게 무엇이든지.
정말로 그게 무엇이든지.

처음 보는 두 사람이 함께 하는
걸음, 대화. 침묵.

이 마을에는
그런 것들이 참 흔해요.
자연스럽게 모여드는 거죠.
서로가 서로를 알아보는 거죠.

긴 산책,
오랜 겨울 여행,
뒤늦게 발견한 선물,

반복되는 꿈의 텍스트,
비밀과 예감,
시공간을 가두기.

이게 다 훌륭한 유물들이죠.
미래로는 가치를 매길 수 없을 거예요.

당신 지금, 환각에 빠져 있군요.
거기 멈춰요.
그 문,
닫으면 안돼요.

---

* 바흐가 쓴 프렐류드와 푸가 모음곡으로, 음악의 구약성서에 비유되기도 한다. 한 옥타브를 12등분하여 정확히 반음 간격의 음정만 사용해 맑고 평온한 위안을 준다. 평균율을 사용하면 모든 악기로 모든 조성을 연주할 수 있다.

숲의 가정법

현실은 연인의
    외곽에 방치된 숲이다.

무시무시한 전쟁이 휩쓸고 간
도시의
    바운더리 스톤$^{boundary\ stone}$ 이다.

  시간의 물레로 빚은 조각상이다.
  종이 위에 그어진 지평선이다.
  탈락된 리듬이다.
  신의 손사래이다.
  지상에 드리운 과거의 구름이다.
  불씨가 소멸하기 직전의 장작불이다.
  정확히 수직인 절벽이다.

번번이 실패하는 가정법이고,
끝없는 멀어짐이다.

화병과 벽시계가 있는 거실

선물 받은 화병을 깨끗이 씻는다.

화병에 물을 채우고
과거 한 다발을 꽂아 둔다.

아침마다 분무를 한다.

거실의 벽시계가 말한다.
조심해야 해.
영영 들여다볼 수 없을지도 모르잖아.

식탁이 말한다.
신경쓰지 마.
화병과 과거 사이에는 아무런
인과 관계기 없어.

잠결에 일어나
찬물을 벌컥벌컥 마신다.

그 소리가
창문을 흔들어 깨운다.

창문이 말한다.
너도 이젠 체념하는 법을 배우도록 해.

거실은 갑자기 조용해진다.

과거는
화병의 물을
조금씩 거두어들이고 있다.

어떤 마지막은
희귀하고 용감해서
작은 혁명의 시초가 된다.

새벽은 윤곽을 지우고
기억은 기억을 지우고

옛날은 옛날을 지운다.

끝에서 끝까지.
태양이 다 타서 스러질 때까지.

벽시계가 말한다.
조심해야 해.
기억을 헛디딜 수도 있어.
어제 쪽으로 고꾸라지면 어떡하니.

식탁이 말한다.
화병을 재워야 해.
이제 방으로 들어가자.
어서 잠을 청하도록 해.

거실이 새벽을 응시하고 있다.

새벽은,

조용한 거실에서 피어난다.

미래가 문턱을 밟을 때
문턱은 짧게 빛난다.

문턱의 기능에는 어딘가 시적인 부분이 있다.

손가락 하나만큼 열려있는
문틈 사이로
문틈 너머로

화병에서 흘러나온 어둠이
<u>스르르……</u>
<u>스르르……</u>

미끄러져 들어가고 있다.

비욘드 더 미주리 스카이 beyond the missouri sky *

사실주의적인 낭만주의와 낭만주의적인 사실주의는 무엇이 다른지, 내밀한 저녁은 왜 아늑한 풍경이 될 수 없는지, 깊이 숨겨둔 마음은 왜 썩지 않는지, 하늘은 왜 벽이 아니라 투명한 배경인지.

심심한 의문들이 바스락거리며 쏟아진다.

매일 걷는 길목에는 기록적인 폭설이 내리고, 자하문 사거리 횡단보도의 새하얀 적막 앞에서 오늘의 결론을 이끌어내는 데 전념한다.

얼음 속의 시간. 완전히 굳어진 평화. 어떤 사진 어떤 한 순간은 마치 액자에 갇힌 단편 소설 같다.

반짝인다. 공중에 걸려있는 플래시백 flashback. 빛의 최단 경로를 가로질러 옛날의 문을 두드린다.

전생으로부터 흘러들어 온 계시와 목가적인 선율이 등줄

기를 흐르고, 다섯 손가락이 붉게 물들고, 아랫집 창가에서 부르는 허밍^{humming}이 들리고.

현실로서의 리듬은, 말한다.

견고한 내일의 하늘이 모두 다 이뤄줄 거라고, 기다리면 된다고.
마음 속으로 가만히 따라오라고. 거울처럼 마주보라고.

* 1996년 버브 레코드에서 발표된 베이시스트 찰리 헤이든과 재즈 기타리스트 팻 메스니의 재즈 앨범.

나무처럼 서 있기

집 근처,
나목裸木 의 헛기침 소리.

마른 잎을 떨구는 나무를 보고 있으면
문득 겸손해진다.

나무의 죽음과
미래를
떠올릴 수 있기 때문이다.
     돌이킬 수 없기 때문이다.

저 나무에 관해
내가 알 수 있는 것은 별로 없다.
나는 나무가 되어볼 수 없으니까.
그렇게 서 있을 수 없으니까.

나무는,
마른 잎을 떨굼으로써

한 계절의 심상을 지배하고 있다.

세계의 모든 나무를 포괄하는
하나의 관념이
나무들에 의해 만들어진다.

관념은
일종의 건축이고,
그 자리에 서 있는 것은
나무라는 이름이다.

하지만 나는 나무의 이름을 부를 수 없다.
나무와 관계할 수 없다.
나무를 이해할 수 없다.
나무의 시간을 헤아릴 수 없다.

나무는 나무이다.
누구나의 자연이고 이웃이고

안식처이다.

나무는 낮과 밤의
수호자이다.

이것은 상징도 비유도 아니다.

내가 나무에 관해
이러쿵저러쿵 말할 때마다
나무와 나의 간극은
멀어진다.

    나무들은 기대하지 않는다.
    알려고도 하지 않는다.
    도망치지도 않는다.
        언제나 모르는 자세를 취한다.

가끔 간지럼을 탄다.

좋아서 웃는다.
창문의 미래를 끌어안고
마음을 두드린다.

바람에게, 계절에게,
기꺼이 시간을 내어주면서
모르는 것처럼 서 있다.

나무는 알맞게 죽어가고 있다.

산책로

경쾌한 봄비가 내린다.

가자고, 얼른 가자고,
촉촉한 리드줄을 당기는 강아지처럼
앞서간다.
    멈칫, 멈칫거리며,

최초의 햇빛 같은 얼굴로 함께 걷는다.

앞서가던 기억들이 멈춰 선다.
갸웃거리며 뒤를 살핀다.

뒤처진 미래를 걱정하고 있는 것이다.

참 평화롭기도 하지.
    가자.
        멀리, 더 멀리 걸어보자.

문 의 공 허

허공에   □□□□
100개의 방이   □
일렬로 늘어서 있다.   □□□
방마다   □
문이 붙어있고   □□
한 치의 오차도 없이   □
똑같은 간격을 둔 모든   □
문은 이쪽을   □□□
보고 있다.   □□□□□□□
방이 아니라   □□
문의 개수에 대해 말하자면   □
문은   □
오직 하나이다.   □□
방과 문은   □
타인과 나라고 할 수 있다.   □

숫자는   □□□□□
질서가 아니다.   □□□

1번부터 100번까지 마련된 모든 □□
방에 순서대로 □□
들어갈 수 없으므로 □
100번부터 □□
1번까지 중에서 □□
랜덤하게 □
들어가야 한다. □
열린 문도 있고 □□□□□
닫힌 문도 있지만, □□□□
열려있다고 해서 □
열려있는 것도 아니고 □
닫혀있다고 해서 □
닫혀있는 것도 아니다. □□
허공의 문의 □□□
상태에 대해서는 □□
이해할 수 없는 게 정상이니 □
기회가 주어진다면 □
일단 아무 방으로나 □□

들어가야 한다. ☐
또는 원하는 문을 ☐☐
열거나 닫기만 해도 ☐
된다. ☐☐

10번대 방의 문을 ☐☐☐☐☐
열고 나와 ☐☐
50번대 방의 문으로 ☐
들어간다. ☐☐☐
잠시 후 문의 번호가 ☐
바뀌고 ☐
방은 재배열된다. ☐
이미 드나든 문의 ☐
번호는 잊힌다. ☐☐
아니 잊는다. ☐☐☐
잊어버린다⋯⋯ ☐

허공을, 세게 흔들면, 문은, 초기화된다.

무대 인사

일부러 말을 더듬고,
모든 시선이 허공을 향해 있고,
하늘거리는 그물 아래 시종일관 웅크려 있는,

어느 연극의 마지막 장면.

(이날이 마지막 공연 날이었기 때문에 극장은 만석이었고, 객석에서는 어느 누구도 박수를 치지도 환호를 지르지도 않았다.)

실제로 존재하는 것은
오직 문체로서의 움직임뿐이다.

신은 말을 더듬지 않는다.
그래서 신이다.

눈 한 번 깜빡이지 않고서
손쉽게

사람들의 운명을 갈아끼운다.

어떤 사람은 모래로 캐스팅되었다.
어떤 사람은 거울로 캐스팅되었다.
어떤 사람은 들불로 캐스팅되었다.
또 어떤 사람은,

캐스팅을 거절했다.
이야기를 듣지도 않고
손사래를 쳤다.

누군가의 젠더^{gender}와 계층, 배역에 관계없이
계획대로 무대는 준비된다.

관객은, 관객의 정체는,

    유령이다.
    닫힌 우물이다.

관객은 중얼거린다.
그저 중얼거리기만 한다.
한 번도 눈을 깜빡이지 않는다.
옆사람을 의식하지 않는다.

예상치 못한 전개와 갈등으로 인해,
관객은 우연사偶然死 한다.
그들의 모든 동작이
곧 유언이다.

마지막에는 다함께 걸어나와
무대 인사를 한다.

누가 처음인지를 모른다.
그래서 영원히 시작되지 않는다.
퇴장을 알리는 음악이 흘러나온다.

어두운 객석에는

빛으로 짠 그물이
촘촘하게
폭력적으로 펼쳐져 있다.

사라진 미래

사랑은 반짝이며 부서지고

쫓았던 마음은
나침반이 아니라는 걸
깨닫는다.

그리고 주어진 운명을 따라서
길을 잃는다.

등장 인물의 과거를 보여주고
설득하는 것은
작가의 마음이지만, 그건
    어차피 뜻대로 되지 않는다.

누구나 누군가의 유실물이고 보관함이다.
목소리일까? 뒷모습일까?

우리들의 이야기에

실제로 가능한
시나리오의 수는
거의
무한하다.

그래서인지 매일
새로운 극장이 지어지고 있다.
허가도 없이 말이다.

나는 극장들을 지나쳐
시간의 냇가로 가서 돌을 줍는다.
아름다운 돌을 골라 줍는다.
그게 내가 과거를 모으는 방식이다.

냇가에 흐르는 프롬프트^{prompt} 를 읽는다.

    "돌이 된 시간 덩어리를
    찾아야 해.

그것만이 사랑의 증거가 될 수 있고
기억이 될 수 있어.

그러니까,
살아 있어야 해.

돌은,
돌을 줍는 행위는,
살아 있다는 전언이야."

결말은 뒤집힐 것이다.
  비극이 연출될 것이다.

흩어졌던 돌들이 사라진 미래의 극장으로 모인다.

극장장은
이제 한참 늙어버렸다.

미래 없는 연극

 미리 말해 두는데, 오늘 단 한 번뿐이야. 연극이 끝나고 나면 이 무대는 관념 속으로 흩어질 거야.

 하나둘 배우들이 모인다. 준비해 온 물건과 물건의 비밀을 교환한다. 대체할 수 없는 진실만이 무대에 오를 수 있다는 걸 모두가 알고 있다. 받아들이고 있다. 주인공이 되기보다는 어떤 진실이 되기 위해 애써왔기 때문에.

 무대에 앞서 대본 읽기가 길어진다. 시간이 느리게 흐른다. 어떤 대사는 빛이 나고, 어떤 대사는 무겁게 가라앉고, 어떤 대사는 울음을 터뜨린다. 읽기가 끝나면 모든 대사를 잊어버린다. 대기실에는 똑같은 얼굴의 가면들이 굴러다니고 있다.

 무대는 정확히 고정될 거야.
 미래는 그곳에 없어.

 가사 없는 노래들이 흘러가고, 자연사한 영혼들이 입장한다. 연극은 클라이맥스로 치닫는다. 나이 들어 은퇴한 무용수의

엇박인 춤이 시작된다. 묘하게 느릿느릿한데 동작에 군더더기가 없다. 무대는 적막에 둘러싸인다. 차원이 일그러진다.

어떻게 대사가 한 마디도 없을 수 있지?

이 연극은 오직 눈빛과 한숨, 그리고 발자국 소리 뿐이래. 말은 빛이 될 수 없기 때문이래. 대사를 모두 외우고 연습한 다음, 완전히 잊어버려야 한대. 그래야만 무대에 오를 수 있대. 모래성이 무너지듯이 막을 내릴 거래. 관객들도 그 자리에서 사라질 거래. 극장 문을 나설 때 입장권에 적힌 글자들이 증발될 거래. 기억은 하얀 빛으로 뒤덮일 거래. 이미 고지되었고 모두가 동의한 내용이래.

그래서 메시지가 뭔데?

그건 중요하지 않대. 어차피 여기까진 걸. 오늘이 마지막인 걸.

거실의 미장센^{mise en scene}

집과 독립된 미장센이 이사 준비를 하고 있다.

허구적으로 현재인 물건들을 차곡차곡 쌓아올린다. 박스는 찢어지고 먼지가 풀풀 날린다. 재채기 소리도 들린다.

> 이럴 바에는 차라리,
> 불을 지르는 건 어때.
> 다 태워버리자.

이 집의 주인은 상황을 철저히 외면하고 있다.
어쩔 수 없이 하얀 벽과 상의를 해본다.

그때, 전화가 울린다.

> 처음부터 아무도 거주하지 않았던 것처럼
> 깨끗이 비워주세요.

딱 한 마디를 말하고 전화는

뚝 끊겨버린다.

비 내리는 추적추적한 오후.
한 통의 부재중 메시지.

군데군데 도배지가 일어난 오래된 벽—
이 외로운 벽이야말로—

    거실의 유일한 상상력이지.
    사과이고, 고백이고, 축복이지.

저녁이 되었고 짐은 모두 빠졌다.

이튿날
텅 빈 거실에서는 새로운
미래의 전화가 지겹도록 울린다.
하루 온종일……

슬픔 연습

차가운 고요가 도착한다. 금방 하얗게 그을린다.

어떤 슬픔은 한 방향으로만 흐르고, 너무나도 육체적이다. 사실주의 소설가의 훌륭한 묘사보다도.

매듭을 풀 수 없는 비밀을 뒤로 하고서, 모니터 앞에 앉아 티백을 우린다. 열을 식힌다. 안경알에 김이 서리면 세계는 희끗해지고, 점점 무의미해지고, 자꾸 공허해지고, 나는 백지 속으로 빨려 들어간다.

슬프다는 말은 누구나 할 수 있어. 다르게 말해야 해. 다르게 말할 줄 알아야 해.

차라리 미워한다고 말할까. 증오한다고 말할까. 아니면 말없이 모호해질까. 모호해지는 건 참 쉬운 일이지. 비겁한 일이지.

그을린 고요가 멀어지기 시작한다. 까슬까슬한 현재로부

터.

낡은 슬픔을 다 실어보낼게. 도착하면 이야기해줄래. 거기서 풀어봐줄래. 나에게 전화해줄래.

슬픔은 삶보다 흐릿하고, 슬픔을 가까이 두고 사는 사람의 영혼은 실은 누구보다 강렬해. 차갑게 불타오르지.

데자뷔$^{\text{deja vu}}$ 속의 당신이 입술을 떼면······

육체의 슬픔에 관한 모사模寫를 연습하는 중이다.

꽤 오래된 되풀이이다.

자연발화自然發火

내 안의 숲이 활활 타오르고 있다.

그을린 기억들이 하늘로 치솟는다.
그 아래 꺼져가는 불씨.

누구나 자아의 다이버이자 이방인이다.

기억의 그물이 덮쳐온다.
    다 물에 잠긴다. 잠식 당한다.

화면 속에 갇힌
수평선이
숲을 집어삼킨다.

문 좀 열어줄래?
    이대로라면 질식해버릴지도 몰라.

트래킹 카메라tracking camera 가 사방에

설치되어 있고, 거기서
나는 핸드헬드^{handheld} 를 찍고 있는 유일한 인간이다.
누구의 방해도 없이.

내가 나를 지켜보는 동안
한 세기가 지난다.

거대한 모래알이 반짝이듯이.

II 예언들

함께 떠날까요?*

혼자 걸었어.
길을 잃은 것처럼 걸었고, 벗어날 수 있었지.
촉촉한 안개 속을 빠져나오며
노래했어.

"사랑은, 모든 것에 얽혀 있는
매 순간 덮어씌워지는
숱한 암시,
환한 메타포.

함께 떠날까요?are you going with me?"

물음표처럼 앉아서
사랑에 관한 책에 몰두하던 아이가
기억을 잃어버린 뒤로……

                                    다시 태어나는

새, 벽,
숱한
새벽의
벽,
이미
낡아버린
벽,
그 너머
제 3의 벽,
벽과 벽과 벽과
빛으로
쌓아올린
벽,
무딘
벽,
두 눈을 가리는
극적인
벽,

눈물로 빚은
벽,
길게
찢어진
벽,
미래 시제의
벽,
곧 무너질
벽.

접혀 있는 쪽지들.
접힌 선의 갈라짐.

비밀스런 속내.
숨가쁜 투루
믿을 수 없는 사랑.

닫혀 있는 서랍 속에 쌓인

시간의 먼지들.

벽의 기억 속으로 뛰어들어가면
비릿한 그리움의 냄새가 나.
마치 비가 내릴 것 같아.

돌아가자.

벽과 벽을 이어붙여서
입을 모아 노래를 부르자.
노래를 부르고 있으면 이야기는 끝나지 않아.

다시 길을 잃어버리자.
한껏 가벼워져서는
그 길로
떠나버리자.

* 1994년 발표된 조동익의 첫 번째 앨범《동경》의 수록곡. 재즈 기타리스트 팻 메스니의 음악에 많은 영향을 받았다.

무늬

그림자는
예언도 아니면서
중요한 예언인 것처럼
숨죽여 걸어온다.

빛의 어깨를 빌려.

환한 그림자의
테두리를 들여다보면
나선형으로 수놓아진
깨알 같은 글자들이
보인다.

나로서는
되찾을 수 없는 미래의
말들이 그 안에
갇혀 있다.

무한원점無限遠點

한 평면 위의 평행한 두 직선은 서로 만나지 않는다.

평행한 두 직선이 무한히 먼 곳에서 만나는 점이 있다고 가정하는 것이 무한원점$^{\text{infinite point}}$이다.

사랑을 하는 누구나 무한원점이 된다.
누구나 무한원점의 사랑을 한다.

어떤 이는 선명하게
어떤 이는 희미하게
어떤 이는 투명하게
어떤 이는 평화롭게

가정된 미래로 간다.

머나먼 시공간의 반짝이는 점 하나를 향해 간다.

해변의 빌라

이례적인 해일이
한 시절을
통째로 휩쓸어갔어요.

나는 허무에 짓눌려
고개를 숙인 채
하염없이
걷기만 했어요.

쉬고 싶어요. 올 여름엔
바다와 성당이 가까운 곳에
머무르고 싶어요.

내 말, 듣고 있나요?
딴청 피우지 말아요.

그렇게 답답해요?
그럴 때는

아무것도 하지 말고
그냥
울어요.

운다는 건 좋은 거예요.
반가운 일이죠.

울지 말라고
누군가 다독일 때면
참지 말고 실컷 더
울어버려요.

울면서 말해요.
안아달라고, 제발 안아달라고.
당신의 차원을 나누어 달라고.

말해요, 말해 봐요.

살갗, 껍질, 허물

기억은 잘 각색된 미스터리처럼 걸어온다.

낡은 사랑은
너무나 무능력하고, 물렁하고,
씁쓸하게
소외되어 있다.

기억만으로는
추론하거나 증명할 수 없고
다 벗어던지는 사이에
단서들은
안개처럼 흩어진다.

아주 묽게, 얇게, 차츰 투명해지는

사랑은,
그 희미한 궤도는
새롭게 뒷걸음질치고,

과거 쪽으로,
더 멀리 있는 과거 쪽으로
흔들리는,
네^{four} 손가락, 네^{your} 손가락.

눈꺼풀에 새겨진
네 눈빛의 텍스처를 기억해.

과거로부터
솜털처럼 돋아나는
앳된 텍스트의 돌기를.

시간의 점자를 읽어내듯이
눈을 감으면

부드럽게 스쳐지나가는
너의
    손,

손바닥,
　　두 뺨,
　　입술,
　　나비뼈,
　　겨드랑이,
　　흉터.

알려지지 않은 내일의
살갗이
선명하고

껍질 속에서
사랑의 허물이 녹는다.

녹아내리고 있다.

한낮의 검은 꿈

■

꿈의
엔진 소리
차게 식은 커피
모로코 사원의 인센스
현실과 꿈 사이를 잠행하는
오전의 가벼운 두통
푸른 꽃
덜 익은 녹색 바나나
식탁의 자세
부엌 창문으로 보이는
눈 내린 풍경의
밝은 무기력
좀처럼 녹지 않는
공간의 불안들
긴 겨울, 짧은 저녁
거짓된 허기와 이명 소리
벽처럼 두터운 밤

검은 허공
하얀 정적
녹슨 빛
...
...
...

모나의 겨울

벽도 지붕도 없는, 먼지가 풀풀 날리는 트럭 짐칸 위에 쪼그려 앉은 백패커^{backpacker} 처럼 떠난다. 떠나고 있다. 떠나는 사람은 불현듯 언제나 떠나는 중에 있다. 떠나는 중에 돌아보니까. 떠나기 전에는 돌아보지 않으니까.

반드시 만나야 할 사람이 있다는 듯이, 어디서 지내고 있는지, 살았는지 죽었는지도 모르는 그 사람을 찾아야만 한다는 듯이,

자기 자신의 등을 떠밀며 낯선 땅 어디론가……

잃어버린 무언가……

다시는 돌아오지 않을 것처럼, 떠남 자체가 목적인 것처럼 떠날 때만 가능한 희망이 있지.

어디론가, 라는 말은 너무 아득해. 너무 쓸쓸해. 모두 떠난 깊은 산속 수도원 뒤뜰에 홀로 남겨진 누군가의 묘비처럼.

누군가, 라고 부르면 왜 슬퍼지지. 누군가, 라고 부르게 되는 건 이미 떠난 사람이기 때문일까.

진흙 위에서 포도 덩굴을 태운다. 태우고 있다. 무언갈 태우려고 하면 불현듯 언제나 태우는 중에 있다.

불씨가 튀는 소리와 딱딱한 빵을 씹는 소리뿐이다.

나나나나너나나너나나

물들고 번지고 웃음이 나.

간절한 향기가 나. 환한 빛이 나.

나, 의 너, 의 나.

멍든 나, 의 너.

아름다웠나.

그랬었나……

난……

오드리의 춤 audrey's dance *

어쨌거나 몸의 언어는 함정이지 않습니까?

언어가 함정이라면, 예술이나 물리학이 그 자리를 대신할 수 있는지, 관찰하고 유추하는 사람만이 살아남을 수 있는지?

물론 양쪽의 의견을 들어봐야 하겠죠.

이미 잃어버린 걸 어쩌겠어요.
    공통된 우리들의 포에틱스 poetics 를,
    언어의 무용舞踊 을……

그러니 몇 번이고 현실을 유예하세요.
최대한 펑키해질 때까지.

솔직함을 논할 수 없어도 좋아요.
햇빛에 데인 감각처럼
그 잔상처럼
부드럽게 멀어지세요.

어차피 다 눈속임인 걸요.
절대로
혼자인 영혼은 되지 마세요.
격한 춤을 추면서

계속
펑키해지려고 하세요.

춤이 언어를 제한한다고 생각합니까?

가능한 한 펑키해지세요.
충분히 오랫동안 유예하다가
단숨에
폭로하고 사라지세요.

정말 쉽게,
아무렇지 않게
사라져버리세요.

* 미국의 작곡가 안젤로 바달라멘티가 1990년 미스터리호러 시리즈
《트윈 픽스》를 위해 만든 공식 사운드 트랙 앨범의 수록곡.

꿋꿋하게,
될대로 되라는 듯이.

옷깃과 소매가 흐트러질 때까지
펄럭이는 동작을 배우세요.

춤의 심연 속에
남겨진
단어 하나가 될 때까지
침묵을 견뎌보세요.

백지가 될 때까지.

미끄러지고

        미끄러
            지
              세

            요.

미스터리 퍼포먼스 mystery performance

낯선 기억에
그 문맥에 감춰진
다잉 메시지 dying message 를 읽는다.

한편으론 익숙하다.
이미 여러 번 죽어봤기 때문이다.

메시지는 원래 일방적이다.
더이상 물러날 수 없을 때 마침내 해석된다.
이상하게 극적이다.

퍼포먼스를 멈추지 않으면
결말은
닫히지 않는다.
언제나 열려 있다. 네가
부르는 노래처럼

마지막 눈빛이 추락하는

순간에
환생의 모처某處 는
이미 결정되어 있다.

사랑은 척박해.
미래는 모순돼.
침묵도 대답이래.
게다가 질문이래.
차츰 흐려지고 흩어질 거래.

그러니 아무것도
묻지 말아줄래.

그냥……
더 믿어줄래.

(이 시의 제목은 원래 다잉 메시지였다.)

싱싱한 죽음

우울한 영혼들의

……자연사自然死.

환상

나는
너라는 환상을
사랑한다.*
는 의식은 환상이다.

나도 환상일까?

나라는 환상을
사랑한다 말하는
너는

너일까?

밝은 방에
환상이
있다.

* 세계시 시인신에 수록되어 있는 이승훈 시집의 제목 『너라는 환상』과 『나는 사랑한다』.

신경증

비좁은 거실의 환한 새벽 공기와
6인용 자작나무 식탁이
뒤척이는 소리.

그늘진 푸른 사막을
냉장고 안에 구겨 넣는다.

조금이라도 망설여지는 기억은 다
    실패한 사진이다.
    아니면,
        스포트라이트 spotlight 가 없는
    어두운 독백이다.

은유들의 속삭임에
밤잠을 이룰 수 없을 만큼
예민한,
    거실 전체가 두근거린다.

이야기 씨앗

우리가 앉아있는 모든 곳이 극장이다.

당신은 관객이다.
앉으면
    막이 오른다.

날아오르는 새들의 모험을 관람한다.
자연의 노래를 부른다.

무대 위에서, 그곳에만 존재하는
끝이 있는 시간 속에서
우연의 경계에서
어떤 자각의 너머에서

    한 겹의
    새 영원이 돋아나고 있다.

타다 만 장작 하나

모닥불은 스스로 자세를 바꾼다네.
매 순간 사진을 찍듯이.

두 사람이 불 주변에 둘러앉네.
가만히 앉아 있네.
시간이 잠시 물러나네.
돌과 나무는 물러나지 않는다네.

사랑은 타오르네.

예감된 미래가 울타리를 흐르는 동안에는
아무도 죽거나 떠나지 않았고
아무도 실종되지 않았고
아무도 도망치지 않았네.

이느 누구의 과거도……
미래도……
말들도……

약속도……

잘못이란 없고
다만 슬퍼할 뿐이네.
돌아볼 뿐이네.

흩어진 글자들을 모으네.

썩지 않는 말들은
슬픔의 주머니에 넣어두네.
기억의 지층이 뒤틀리네.

사랑은 더 높이 타오르네.
타오를수록 투명해지네.

타다 만 장작 하나 그 자리에 남았네.
낡아버린 이야기가 남았네.

기원

신이라 불리는 존재와의
현장학습.

물통이 들어있는 작은 배낭과 불 꺼진 외딴 방 하나, 모든 페이지가 백지인 경전 한 권이 준비되어 있다.
제목은 비어 있다.

첫 장을 펼치는 순간, 문이 열린다.

(   )

빈칸에
이름이 적힌다.

날씨

몹시 더운 날이었다. 거실에는 열기가 찼고 시간조차 끈적거렸다. 숲을 지키기 위해 너는 필사적으로 그늘을 토해냈고 온종일 식은 땀을 흘렸다. 나는 걱정이 돼서 견딜 수가 없었다. 그러나 결말을 알기 때문에 우리는 조용히 손바닥을 맞대고 있었다. 메마른 혀와 차가운 심장이 하나의 서술로 이루어졌다. 간신히 버텨왔으며 미루고 또 미루고 있었다. 먼저 잠이 든 사람의 귓불을 쓰다듬을 때마다 날씨는 한층 더 두꺼워졌다. 입술이 열리지 않는 동안 담벼락은 무너지고 있었다. 손을 잡아줘. 지금 즉시 대피하라는 안내 방송이 반복적으로 흘러 나왔다. 서두르는 사람은 없었다. 어느 쪽으로 도망쳐야 할지 몰라서였을까…… 도망치는 순간 끝이라는 걸 알았기 때문일까…… 아무래도 좋았다. 그냥 그렇게 믿었다. 소용없다는 걸 알고 있었다. 그리고 한참 뒤에 깨달았다. 무너진 것은 벽이 아니라 시절이었다. 벽 너머의 눈빛은 멀어졌고 날씨는 계속해서 두꺼워졌다.

그리고 기억은…… 거짓말처럼 멸종했다. 희미한 예감만이 화석처럼 남았다.

폴백 fallback

안개 낀 동공과 꾹 다문 입술.
      저기 앞에, 차창 너머의 뜻 모를 손짓.

누구지? 누굴까?

돌아설 수 없으니, 돌아가.
돌아나갈 수 없어. 그러니 돌아가.
되돌아가자. 돌아서, 가자.

영원의 보루堡壘에서
방향을 가리키는 말들은 폐기된다.

우리는 영영,
      뒷모습을 그릴 수 없다.

부를 수 없다.
믿을 수 없다.

닻

사물들이 빛을 빼앗긴다.
밤이 우리를 뒤바꿔 놓는다.
아침이 우리를 처음으로 되돌려 놓는다.
말을 할수록 예민해지고, 망설여지고, 나약해진다.
듣고 싶지 않아.
알고 싶지 않아.
융기된 불안 속에 스스로를 가둔다.
삼키고 또 삼켜서 속으로 파묻는 말은
닻처럼 가라앉는다.
후회하고 있어?
내가 질문하기 시작하면
어둠이 미간을 찌푸린다.
고개를 들어올린다.
빛과, 어둠이, 역전된다!
모든 사물의 그늘이 하얗게 사라진다.
풍경이 뒤틀리기 시작한다.

모티프 motif

기억은 하나의
소외된 형식일 뿐이다.

어떤 순간의
뼈와 살을 이루는
현상들.

나 스스로
기억에
기억을 불어넣는다.

희망을 가능케 하는
잠복 중인

무수한 가정假定 들을 짓밟는다.

언어는 처음부터
다 보고 있어.

관측하고 있어.

이 모든 실험과 연습을 말이야.
무서운 일이지.

어느 소수 언어의
마지막 남은 구사자처럼
소리없이
싸우고 있다.

너무 추상적인 오늘과.
빼앗고 싶은 나날들과.

파르르 떨리는 손으로
원형復原 을
겨우
가리키고 있다.

III 은유들

라이프타임 lifetime

가까운 죽음과 먼 죽음, 손에 닿는 죽음과 닿을 수 없는 죽음, 그리고 죽지 않는 죽음에 관하여.

사랑은 수시로
태어나고,
또 밤낮으로 죽는다.
어디선가 죽어가고 있다.

죽지 않는 것은 눈빛이다.
나무들의, 돌들의, 섬들의, 파도들의,
기억 속의.

기억은,
고이 접혀 있는
시간이 보낸 쪽지들이다.

헝클어지는 것이 기억의 본질이다.
헝클어지지 않는 것은

기억이 아니라 역사이다.
연대기이다.

기억에 대응하는
날것인 낱개의 감정에는
이렇다 할 색깔이 없고,
이유가 없고, 서사도 없다.

내가 발견하는 순간에
호명하는 순간에
기억은,
기억이 되는 것이다.

내 안을 파고드는 반짝임 속에서
마음껏
헝클어지면서
알몸으로 휩쓸리는 것이다.
그러면 되는 것이다.

그것뿐이다.

파도는 등대의 빛을 향해 철썩인다.

그 등대 아래서,
차갑고 무거운 어둠 속에서,
한 척의 낡은 나룻배를 모는 사람이 있다.

흩어져 있는 섬들로부터
기억의 어스름을 모아
사랑의 해안으로 실어 나른다.

그러나 그것은 기억일까?
그러나 그것은 사랑일까?
그러니 그것은

미래의 질감에 관한 실험

잠결의 시어들이 투명한 벽돌을 쌓아올린다.
그렇게 세워진 벽의 질감은 쓸모없어진 감정처럼 매트^{matt}하다.

그 안에서 시는, 꿈에서 채집한 것들을 펼쳐놓고 실험하는 중이다.

테이프를 갈아끼우는 소리가 이따금 들려왔다.

　　얼마나 오래 지났을까……

꿈에서 비디오를 녹화 중이었다.
카메라 렌즈 너머로 시간의 잿더미를 바라보았다.
낱말과 낱말이 낳은 아이의 따뜻한
두 볼을 쓰다듬었다.

너무 오랜 시간이 흘러버린 감정에 관한 시는 건축적으로 훌륭하다.

낱말의 빛과, 낱말들의 성교에 의한 시적인 목소리에 귀 기울인다.

이대로라면 우리는 어떻게 될까?
시는 어떻게 될까?
벽은? 비디오는?

  또 얼마나 오래 지났을까……

구전口傳 되어 온 수수께끼들을 곱씹어본다.
부드러운 미래로부터
비디오는 계속해서 녹화 중에 있다.

시의 메시지를 다 잊어버리고 나서야 건축가의 인터뷰를 읽있다.

무엇이 기억의 미래라고 생각하십니까?
무엇이 꿈의 열쇠를 되찾아줍니까?

무엇이 일상을 구원합니까?

벽들이 한꺼번에 와르르 무너지듯이.
다시 되감기하여 일시에 세워지듯이.

시어를 채찍질할 때마다 투명한 벽돌이 하나씩 생겨난다.
그렇게 시의 질감이 만들어진다.

뷰파인더 viewfinder 가 위태롭게 흔들리고
비디오는
갑자기 멈춰버린다.

건물 안으로
백야白夜 가 들어서고 있다.

빙하

모든 얼굴의 숲에는, 아무도 모르게 바스락거리는 눈물의 정령들이 살아가고 있다.

달아나고 싶었는데.
숨어버리고 싶었는데.
무릎 속에 묻어버리고 싶었는데.

푸르른 시간의 눈동자로 창문 너머를 들여다본다.
그저 바라볼 뿐, 아무것도 만질 수 없다.

마술적인 포즈^{pause}에 날갯짓이 묶인다.

숨이 멎어버렸고,

정령들의 발미둥이 삽시간에

확 얼어붙는다!

불확실한 강

아름다운 질문과 꽃잎이 길목에 휘날린다.
그런 계절이 온 것이다.

그동안 수집해 온, 불가능한
믿음들을
      마을 사람들 몰래
강바닥에
깊이 묻었다.

나는 강물 앞에서 울어야 했다.

울면서
      흐르는 강의 마음을 읽었다. (문을 열었다.)

그리고 강의 하구 쪽으로
      빠르게 떠내려갔다. (그러는 사이 문이 닫혔다.)

발견된 믿음은 얼마 안 가 썩을 것이므로

강바닥으로 돌려보내야 한다.

시간이 흐르지 않는 단층집의
지붕을 부수고 훨훨
날아가

불확실한 강의
떨리는 동공을 생각하면서.

강바닥에서 솟아오른
여린 희망과
부드러운 모래알이
강가에

    사정없이 휘몰아친다.

그 어지러운 급류 속으로 떠내려간 것은,
누군가의 상처이다.

나중에 떠내려간 것은
　　기도이다.

남아있는 것은,
　　살갗과 체온이다.

질문과 믿음이 굳어질수록
세계는, 흐름은,
점점 더
불확실해지고 있다.

시간들, 사물들, 거짓말들

몇 년이 흘러 쓸모없어진 달력.
오후 햇빛 아래 널어놓은 이불과 베개.
한 세기 전에 만들어진 낡은 시계추 목걸이.
백지인 사진이 끼워진 책상 위 자작나무 원목 액자.
눈에 띄지 않게 실금이 간 세라믹 찻잔.
깨끗이 씻지 않고 그대로 내버려 둔 이끼 낀 토분들.
도서관 로비의 거대한 산세베리아에 일렁이는 빛.
은퇴한 피아니스트인 여행자의 빛바랜 악보들.

(진실을 만들어내는 사물의 시간들……)

사물들은 과거로 가득 차 있다. 금방이라도 터질 것처럼 부풀어올라 떨고 있다. 잔뜩 긴장하고 있다. 우리는 이미 다 알고 있다. 시간의 착시와 거짓을.

가혹한 시간은, 우리를 어디로 데리고 갈까?
또 어디로 도망쳐야 현재일까?

뮤트mute

귀에 익은 멜로디.

앨범의 마지막 트랙이 끝나간다.

타이틀이 뭐였더라.

할 일을 다 마친 스피커가 돌아서는 바로 그 순간, 섬광처럼 등장해 공간에 남은 여운을 앗아가는 정적.

귓속의 멜로디와 잔향이 순식간에 다 빨려들어간다.

음악만이 가능한,

사라짐으로써 건넬 수 있는 깨끗한 고요의 얼굴.

그걸 닮고 싶어.

울림 속으로 사라지고 싶어.

나를 데려가줄래.

아니면 세계를 다 가져가줄래.

나 혼자만 남겨두고서. (이건 거짓말.)

뚜뚜뚜뚜뚜뚜뚜뚜⋯⋯

뚜뚜뚜뚜뚜뚜뚜뚜⋯⋯

눈빛 연극

우리는 곧 새롭게 발견된 행성으로 떠날 거야.
이번 탐사에 대부분의 인력이 집중될 거고.
수십 개의 돌섬을 제외하면 온통 바다로 뒤덮인 곳인데,
바다는 신비로운 힘을 지니고 있어.

……

물에 닿은 사람은 자신의 미래를 볼 수 있대.
너무 많은 미래가 한꺼번에 기억되어 혼란스럽대.
과거인지 미래인지, 아니면 그저 상상일 뿐인지.
그러니 굉장히 위험한 탐사가 될 거야.
정말 괜찮겠어?

……

지금까지의 관찰에 따르면 행성에는,
반은 빛이고 반은 어둠인,
미지의 지적 생명체가 살아가고 있어.

이름이 뭐랬더라?

......

마음껏 빛과 어둠을 흡수하고 반사할 수 있대.
보는 각도에 따라 사람 같기도 하고 그림자 같기도 하대.
사람과 사람의 그림자 사이에 몸을 숨길 수 있대.
초점 없는 시선처럼 서 있을 수 있대.
절대 눈을 마주치면 안돼.
이 이야기를 반드시 기억해.

......

거울은 가져갈 수 없어.
거울이 있으면 다 발각되고 말 거야.
탐사용 선글라스와 탐사복만 남긴 채,
옷가지와 소지품을 불에 태울 거야.
가벼운 몸으로 움직일 거야.

탐사를 시작해보자.

......

혹시 그거 들었어?
이번 탐사가 마지막이란 거.
더는 이 행성에 다시 올 수 없대.
다음을 기약할 수 없대.
조금이라도 기억이 남아있을 때 물러나야 해.
탐사선으로 돌아가 지시를 따라야 해.
그래야 현재를 구원할 수 있어.

......

자, 이해했지?

이게 너에게 주어진 대사들이야.
물론 입밖으로 꺼낼 순 없어.

어차피 아무 소리도 들리지 않을 테니까.

조심해.
연극을 시작하기 전에 마음을 단단히 먹도록 해.

눈빛으로만 말할 수 있어야 해.
끝까지 눈을 뜨고 있어야 해.
빛과 어둠이 너를 삼키더라도.

준비됐어?
연극이 곧 시작될 거야.
천천히 심호흡을 해 봐.
숨을 고르자.

······
······
······

반짝이는 눈.

간절한 시선.

미세한 떨림.

……

내가 빛이라면

모든 숨겨진 대사를 전해줄 수 있을 텐데.

내가 어둠이라면

마지막 눈빛이 되어줄 수 있을 텐데.

데디케이션dedication

이사무 노구치isamu noguchi는 조각을 '공간의 지각, 실재의 연속물'이라고 생각했다.

사랑은 마음의 지각이고, 시간의 연속물이야.

나는 나 자신의 지각일까? 무엇의 연속물일까?

음악은? 영화는? 사람은?

당신은?

우리는 모든 연속물에 관해 끊임없이 생각하고, 말하고, 관찰하고, 쓰고, 그려야 해.

누구나 부지런히 조각가가 되어야 해.

자유 덩어리가 되어야 해.

레미니센스 reminiscence

기억은 규칙을 어기고 달아난다.

순간은 칼날처럼
단숨에 현재를 베어버린다.

시간의 잡초가 자라는 창가에
초록 빛깔의
나비들이 아른거린다.

  이것은 일종의 최면이다.

어떤 기억의 한 장면을 구성하는 사물들은 실제보다 조금 더 멀리 떨어져 있다.
느낌은 공기처럼 떠다닌다.

  이것은 착각도 환상도 아니다.

아주 극도의 몰입이라고 할 수 있다.

더는 회피할 수 없어.

다정한 미래가 마련해놓은
부서지기 직전의 나무 벤치에 앉아 생각한다.

회상은
자산도 부채도 아니야.
순수한 맺음이지.
기회이기도 해.

과거의 가치는
지속적으로
추락하고 있어.
미래를 위해 움직여야 해.
깨어있어야 해.

복잡한 기하학적인 다짐 위에
기억의 깃털 같은 것이

내려앉고 있다.

완전히 두 동강이 나버린
현재가
엉엉 울고 있다.
나는 그 앞에 주저앉아 있다.

    이것은 일종의 암시이다. 깃털의
    미래를 향한.

눈물도 사랑의 일부일까?
순간에 갇히면 지옥일까?

어제가 오늘을
앞서가기 시작할 때,
창가에 내려앉은 깃털은 영원하다.

들릴 듯 말 듯한 고백은

진실이다.

오래 전에 죽어버린 별들이
창가에 모여
웅성거리고 있다.

먼 옛날의, 초록 빛깔의
나비들이 아른거린다.

모순적인, 너무나 모순적인

아침에 도착한 엽서의 뒷면에는
사라진 사막의 고원을 그린 스케치가 있어요.
오키프o'keeffe 의 작품이죠.

그는 말했어요.
시간에 종속된 것들은 반드시 언젠가
어긋나기 마련이라고.
불시에 휘말리고, 흔들리고,
뒤섞일 수밖에 없다고.

불은 켜졌고, 풍경風聲 이 벌벌 떨고 있어요.

이리 주세요.
빛나는 나의 동공을.
이제 돌 표면에 새겨진 룬 문자를
읽어야 해요.

새하얀 돌가루가 부스러지는

문자 하나하나의 획을
      하나씩, 비틀면,
사막의 고원에서 치러진 의식^{ritual}이,
불꽃이, 굉음이, 울림이,
공작새처럼 나타나죠.
      그건 허상일까요, 아니면 모순일까요.

목격한 것을 의심하지 말아요.
애써 기억하면서,
      다시 하나씩, 비틀면,
이 세계는 수십억 개의 점, 선, 면으로
갈라지고, 다시 태어나고,
옛날의 스케치가 있던 자리에는
자유를 노래하는 벽화가 나타나죠.
      그것 역시 허상일까요, 아니면 모순일까요.

누가 미래의 질감을 번역해줄 수 있을까요.
누가 돌의 정물을 그려줄 수 있을까요.

누가 풍경이 되어줄 수 있을까요.
누가 답장을 써줄 수 있을까요.

그건 쇠라^{seurat} 도 아니고 브라크^{braque} 도 아니고 페렉^{perec} 도 아니에요.
완전히 새로운 인물이죠.
어디에도 알려지지 않은 신화 속의 샤먼이죠.

수백 년 전 미지의 행성으로 떠나버린……

그런데 당신,
뭘 그렇게 빤히 보고 있나요?

즉흥곡

현재에 각인된 과거의
속삭임은,
들을 수 있는 가장 낮은 소리로 재생된다.

정령의 입김 소리……

    누구는 들을 수 있고,
    누구는 들을 수 없는.

누구의 음성인지는 오래 전에
잊어버렸다.

중요한 것은 볼륨이다.
속삭임이다.
미세한 떨림이다.
그걸 듣는 일이다.
감각이다.
듣는 이의

편안한 자세이다.

미래를 속삭이는 사람은
누구보다 먼저 미래로 간다.
그리고 미래의 일부가 되어
되돌아온다.

다시 처음처럼 미래를 속삭인다.
거대한 바윗덩어리에게.

결말이 정해지지 않은 소설의
첫 문장처럼
영원한
멈출 줄 모르는
아슬아슬한 시간 예술의
마지막 남은 연주자들……

베이스캠프 basecamp

　빛을 구성하는 물질의 9할은 시간의 바다에서 원석을 채집해 추출해 낸 성분이다. 추출할 때마다 모서리가 닳을 수밖에 없고, 추출이 다 된 원석의 잔해는 버려져 해안의 굴곡을 따라 흩어진다. 이곳 사람들은 그걸 시간의 부스러기라고 부른다. 고고학적인 가치가 훌륭한 데다가 멀쩡한 형태의 개체를 발견하기가 쉽지 않았기 때문에 탐사대를 결성해 본격적으로 수집해보기로 했다. 우리는 북쪽의 어느 해안으로 향했고, 목적지에 다다르자 한눈에 다 들어오지 않을 만큼 거대한 굴곡이 나타났다. 지구가 사라진 뒤로 어째서인지 자연이 펼쳐놓은 굴곡을 보는 일은 슬프다못해 고통스럽기까지했다.

　날씨는 흐리고 추웠다. 그리 멀리 떨어져 있지 않은 황야에 베이스캠프를 꾸렸다. 크고작은 얼음과 앙상한 나무들이 자욱한 안개처럼 주변을 둘러싸고 있었다. 사흘 간의 휴식이 주어졌고, 그동안은 아무것도 설명하거나 입증하고 싶지 않았으므로 누구와도 말을 섞지 않았다. 묵묵부답으로 일관했다. 다른 사람의 얼굴을 보는 게 싫었다. 매일 혼자 걸었다. 걷기만 했다. 걸으면서 잔해의 진짜 의미에 대해 골몰했다. 그렇게 사흘이 지나갔다. 인간을 믿어보고 싶었는데, 그럴 수 있을 줄 알았는데, 그런 일은 인간과 멀리 떨어진 오지에서나 가능한 거라고, 캠프로 파견을 나와있는 점성술사가 말해주었다. 어떤 동사는 불가능하기 때문에 그저 단어로만 존재할 뿐이라고 덧붙였다. 자신이 전생의 기억을 다 가지고 있기 때문에 그걸 다 합치면 사실상 나이가 수백 살은 될 거라고 했고, 고대의 점성술을 배우고 나면 굴곡을 마주하는 일이 왜 고통스러운지 그 자초지종을 알 수 있을 거라며, 아마 나의 전생과 관련이 있을 거라고 했다. 나는 여기서 그를 처음 보았으므로 어떻게 대화가 이토록 구체적일 수 있는지 문득 의심이 들었지만, 무엇이든 믿지 않고서는 몰입할 수 없었고 딱히 믿지 않을 이유도 없었기 때문에 있는 그대로를 받아들이기로 했다.

시간의 바다 속에서 모든 옛날을 꺼내 생생하게 들여다볼 수 있다는 그의 말에 따르면, 우리는 무한한 빛들이 자격을 상속받은 시간의 실루엣이자 파수꾼이었다. 그것이 인간, 가엾고 나약한 인간의 본질이었다. 그는 이곳에 머무르는 동안 자기를 도와달라고 했다. 나라는 인간의 진짜 의미를 발견할 수 있을 거라고 했다. 나는 이상하게 진지해졌고, 한동안 캠프에 머물며 그와 함께 미래를 번역하다 보면 언젠가 모든 비밀을 밝힐 수 있을 거라는 예감에 휩싸였다.

신^{scene}은 거기서 끝나버렸다.

꿈자리

꿈의 미로를 헤맸다.

동시에 눈을 뜬다.
나는 깨어있으나, 꿈은

또 어디선가
계속된다.

끝없이 연장된다. 꿈은
나라는 존재 없이도

몇 걸음 더 나아갈 수 있으니까.
시간 밖으로 날아갈 수 있으니까.

(인간은 꿈의 숙주가 될 수 없다.)

/....../

꿈 없는 꿈.

기억은 새롭게 리셋된다.

상처의 달콤함에 중독된 사람은
그 안에 갇힌다.

그래서 밤은 가엾고……
모든 일은
입체적이고 연쇄적이다.

영원히 누워있고 싶어.
영원히.

꿈에서는 함께 도망치자고 했다.
도망치려고 했다.

이 끔찍한 고리로부터 벗어날 수 있다면 무슨 일이든 다

할 수 있을 거라고 했다. 기꺼이 죽을 수도 죽일 수도 있다고 말했지만, 내가 묻는 말에 당신은 아무 대답도 하지 않았다.

/....../

꿈의 텍스트는 무한해.
지루해.

미칠 것 같아.
지루해서 미칠 것 같아.

죽어버릴 것 같아.

그냥 다시 태어나고 싶어.
제발 다시 태어나고 싶어.

/....../

용기가 필요해.
도망쳐야 해.
도망치자.

도망치는 건 너무 쉬워.
너무 쉽고 너무 슬퍼.
너무 가혹해.

/....../

믿을 수 없는 아침이었다.
새들도 고요하게 늦잠을 자고 있었다.

간밤의 꿈자리를 곱씹어본다.
몹시 텁텁했다.

나는 꿈에서 화를 내며 누군가를 죽이기라도 하겠다는 듯이 마구 때리고 있었다. 끝을 보려는 사람처럼 엉엉 울었고, 마지막인 것처럼 속에 있는 말들을 다 토해냈다.

지워버리고 싶어.
없애버리고 싶어.

밤은 저녁에 저녁을 더해서
끝없이 무거워진다.

/....../

다시 또 아침이었다.
눈이 창백했다.

콜링 calling

중력이 없는 무인도에
아주 많은 영혼들이 다녀갔어요.
어떤 기억의 집을 보았어요.
벽과 목재와 그림 말고는
아무것도 없는.
발견했어요, 내가
소문으로 알아요, 그 집을
쓸쓸한 뒷모습을
함부로 불러내지 말아요.
스케치북을 꺼내요.
잠깐만,
끊지 말아요……

호라이즌^{horizon}

끝보다 아름다운 것은,

끝,

그 다음에만 존재할 것이므로.

빛을 추월하는 시야 속에서

시간이
웃자란
들판에서

끝의 기원,

끝의 미래를 향해.

벽에 걸린 구름

귓가에 읊조린 말은
걷히지 않는 구름 같아.

작은 충격에도 쉽게
부서지는,
    닦아도 닦아도 투명해지지 않는
    낡은 유리창 같아.

어떤 말은 재처럼 흩어졌다가
날아가
영혼에 박힌다.
    산산이 깨진 유리 조각처럼.

멀어지려고 하면 할수록
가까워지고
옷자락에 들러붙어 따라다니지.

부탁이야. 다 털어버려.

제발, 더 크게 말해.

괴롭다고 말해.

더이상 참을 수 없다고 말해.

아무것도 삼키지 마.

눈을 감지 마.

    (죽는 게 나을 것 같다고 말해……)

어떤 말 뒤로는 반드시 긴 침묵이 이어진다.

말이 되지 않는 말들이 목 아래로

흘러나와

침묵의 모포 위를 굴러다닌다.

내가(네가) 그린 구름들이 저 벽에 걸려 있다.

이 말은, 이 책은, 저 구름 속에 있다.

거울 가게

그는 누하동에서 십 년 가까이 거울 가게를 운영했다. 거의 매일 출근해서 수백 개의 자기 얼굴을 보며 하루를 시작했다. 아무렇지 않았을까? 누구라도 섬찟할 텐데. 얼굴들끼리는 매일 밤 이야기를 나누고 있을지도 모르니까. 그것이 눈빛 연극일지라도.

수백 개의 얼굴이 실은 거울에 반사된 빛들로 연결된 단 하나의 얼굴이란 걸 그는 마지막까지 알지 못했다. 슬프게도.

거울 속에 투영된 현실은 뭉개져 있고, 거울 속으로 보이는 가장 멀리 떨어진 지점에서 거울의 표면까지의 거리는 0이다. 이것이 그가 추구하는 거울의 개념이었다. 거울은 평면이지만, 얼굴은 평면이 아니다. 아주 복잡한 곡면이고 입체적인 퇴적이다. 토르소 라인을 가늠케 한다. 훌륭한 연기를 선보이는 시간의 객

체들이다. 그는 하나의 얼굴을 연기하지만, 거울 속의 얼굴들은 모두 다른 곳을 바라보며 얼굴의 시늉을 하고 있다. 그래야만 가게를 열고 영업을 시작할 수 있다. 이미 익숙한 일이다.
시선이 절대로 겹치지 않는다는 것은.

어느 가을날, 그는 수백 개의 자기 얼굴 중에서 어떤 얼굴은 자기 것이 아닌 것 같다고 느꼈다. 환절기의 기이한 일그러짐이 불러온 착각이었을까? 그 몰입된 느낌에 관해 묘사해 온 낡은 노트가 나중에 발견되었는데, 무려 500쪽에 달하는 엄청난 분량이었고, 이를 한 문장으로 요약하자면 '서로 평행하는 얼굴 조각들이 갈라진 현실 위에 격리되어 있다.'라고 정리할 수 있겠다. 그는 순간적인 느낌에 누구보다 충실한 사람이었다. 우리가 대수롭지 않게 거울 속으로 흘려보내곤 하는 것을 그는 놓치지 않으려고 했다.

그로부터 몇 년의 시간이 더 흘렀고, 거울 가게는 원인을 알 수 없는 화재로 인해 전소되었다. 기사로 소식을 접한 나는 어느 맑은 가을날 이른 오전에 버스를 타고 누하동으로 갔다. 골목은 어느 때보다 조용했고 그의 거울 가게가 있던 자리에는, 외관이 기이하게 일그러져 보이는 새 건물이 들어서 있었다.

그와 그의 거울들은 어디로 갔을까?

돌아오는 길에는 거실에 놓을 새 거울을 하나 샀고, 그날 밤 나는 이상한 꿈을 꾸었다. 불길이 번지는 거울 속에서 태연하게 몸을 일으켜 가게 문을 잠그고 나가는 그를 보았다. 그 어떤 미련도 없이. 그리고 거울들은 무섭게 녹아내렸다. 발갛게 물든 유리문에 각인된 몇 개의 글자가 샛별처럼 빛났고, 멀어지는 그의 이름을 부르고 싶었는데, 내가 그의 이름을 알고 있었던가? 도무지 기억이 나질 않았다. 이름을 부르지 못하고 얼버무리는 나의 입 모양이 어색하게 일그러져 보였다.

거울 가게는 사라졌지만, 그 얼굴들은 아직도 내 기억의 지층 어딘가에 평화롭게 잠들어 있다. 아침에 일어나 거실로 나와보니, 창밖의 회화나무 가지에 앉은 곤줄박이 한 마리가 꽃망울 하나를 입에 문 채 나를 똑바로 마주보고 있다. 마치 새 거울에 비친 내 얼굴처럼.

시간 너머의 옛날

상실은, 깊이 파묻힌 현실로부터
발굴된 슬픔이다.

모르는 진실 속에서 잠재하고 성장한다.

그리고 언제부턴가
은밀하게,
      존재감을 드러내기 시작한다.

시간의 성곽 반대편에 숨어있는
수줍은 자아로부터,

영원히 대칭되는
하나의
새로운 정서를 발명해낸다.

-1과 +1이 상쇄하듯이
하얀 벽과 검은 벽이 손을 맞잡는다.

밝은 벽과 어두운 벽이 포개진다.

벽들의 수군거림이 온 세상에 들리기 시작한다.

때때로 벽들은 충돌한다.

    번쩍—

        쿵—

           쿠웅—

그리하여,
시간 자체를 무너뜨린다.

붕괴를 막고, 세계를 지속시키는
단 하나의 방식으로서.

시간 바깥의 나는
하나뿐인 열쇠를 잃어버린

아이처럼 주저앉아
엉엉 울고 있다.

잔뜩 움츠린
상실의 문고리를 쥐고 흔들며

시간 너머의 옛날을 기다리고 있다.

시간은 사라지는 것을 만들어낸다.

시간은 존재했음을 구체화시킨다.

……

오직 과거만이 지속된다.

현재도 미래도 조건법도 지속되지 않는다.

파스칼 키냐르 pascal quignard, 『옛날에 대하여』 제23장

송의경 옮김, 문학과지성사

◊ 발문

기억의 미로 a maze of memories

백은선 (시인)

『기억의 미래로부터』를 건너야만 만날 수 있는 풍경이 있다. 닫힌 채 열린 공간. 끝없이 돌고 있는 하얀 문이 늘어선 기억의 세계이다. 그곳에서 나는 마주보는 거울 속에 갇혀 "시간 너머의 옛날을「시간 너머의 옛날」" 기다린다. 내가 기다리는 것은 미래인가 과거인가, 아니면 미래의 얼굴을 한 과거인가. 끝없이 왜곡되는 문 뒤의 공간을 어린 신처럼 가지고 노는 차가운 두 손을 바라본다. 순간 영원을 보았다고 믿고 싶어진다. 영원의 얼굴은 투명하게 빛난다. 곧 사라질 것처럼, 흐린 빗자국처럼. 미소 짓는 구름을 향해 열리는 것을 목격한다.

무대를 지나 예언과 은유의 숲으로 간다. 그곳에는 꺼지지 않는 불이 있다. 비스듬히 열린 문 사이로 춤을 추는 사람이 보인다. 동작은 반복되지 않으며 매번 달라진다. 매번 달라진다는 사실만 반복될 뿐이다. 반복되는 것은 과거로 쌓아올린 미래다 "미래로부터 비롯되는 우리「건축예찬」"는 도저히 도달할 수 없는 곳에 있다. "완벽한 불연속"이란 가능하지 않으므로. 그렇다면 가능한 것은 무엇인가? 가능한 것은 과거 속에 갇힌 나 혹은 우리를 가정假定하는 것이다. "우리들의 이야기에 / 실제로 가능한 / 시나리오의 수는 / 거의 / 무한「사라진 미래」"하므로.

끝없이 이어지는 가정 속에서 진실을 찾을 수 있을까. "새 영원이 돋아나고 있다.「이야기 씨앗」"고 말하려면 얼마나 깊고 넓은 시야를 가져야만 할까. 오래 골몰해야 겨우 발음할 수 있는 것이 있다. 두 가지 시선을 동시에 갖는 것은 아름답고 슬픈 일. 그래서 때로는 더 큰 참혹. "희망을 가능케 하는 / 잠복 중인 // 무수한 가정假定들을 짓밟는다.「모티프」"고 발화할 때, 무한과 한계가 한 자리에 놓일 때, 분열되고 증식하는 끝없이 반사되는 상像이 있다. 맺힌 것이 무엇인지 자세히 보려면 흐릿해지고 눈을 떼려하면 선명해지는 것이다. 그곳이 시가 시작되는 기억의 기원이다.

기다림과 가장 알맞은 색은 늘 투명해지려는 하양이라고 생각했다. "이렇다할 색깔이 없「라이프타임」"는 세계에서 가장 깊은 명도는 뒤집힌 검정이므로. 그림자는 하얗게 바래고 사물은 한없이 어두워지려고 한다. 모든 것이 반전된 세계의 풍경은 기묘하고 불안정하다. 침묵, 뮤트된 세계. 깜박이는 파도가 이끌고 가는 것, 데리고 오는 것. 아무도 들을 수 없는 "미세한 떨림「즉흥곡」"을 오로지 하나의 귀만 듣는다면. 그 소리의 풍경을 어떻게 번역할 수 있을까. 그것은 아마도 불가능에 가까울 것이다. 단지 은유로써만 가능해질 것이다. "수백 개의 얼굴이 실은 거울에 반사된 빛들로 연결된 단 하나의 얼굴이란 걸「거울 가게」" 알지 못하는 슬픔이 있다면, 다 알아버린 비애도 있기에.

    어린 신의 손이 온통 빛으로 물들 때
    고요히 들여다볼 때
    떠오르는 미래의 얼굴

시집의 문고리를 쥐어본다. 이 글이 부디 단 "하나뿐인 열쇠「시간 너머의 옛날」"가 되기를 바라며.

나는 닫힌 채 열려 있는 불가해不可解를 본다.

기억의 미래로부터

초판 1쇄 발행 2022년 6월 1일

지은이 최유수
편집·디자인 최유수

펴낸이 최유수
펴낸곳 도어스프레스 doorspress
출판등록 제2019-000145호
주소 서울시 종로구 통의동 12, 3층
이메일 doorspress@gmail.com

ISBN 979-11-978828-1-4 03810
ISBN 979-11-978828-0-7

이 책의 판권은 지은이와 출판사 도어스프레스에 있습니다.
책 내용의 전부 혹은 일부를 재사용하려면 반드시 서면 동의를 받아야 합니다.